Arañas viuda negra

Claire Archer

www.abdopublishing.com

Published by Abdo Kids, a division of ABDO, PO Box 398166, Minneapolis, Minnesota 55439.

Copyright © 2015 by Abdo Consulting Group, Inc. International copyrights reserved in all countries. No part of this book may be reproduced in any form without written permission from the publisher.

Printed in the United States of America, North Mankato, Minnesota.

072014

092014

Spanish Translators: Maria Reyes-Wrede, Maria Puchol

Photo Credits: iStock, Science Source, Shutterstock, Thinkstock

Production Contributors: Teddy Borth, Jennie Forsberg, Grace Hansen

Design Contributors: Candice Keimig, Laura Rask, Dorothy Toth

Library of Congress Control Number: 2014938902

Cataloging-in-Publication Data

Archer, Claire.

[Black widow spiders. Spanish]

Arañas viuda negra / Claire Archer.

p. cm. -- (Arañas)

ISBN 978-1-62970-366-4 (lib. bdg.)

Includes bibliographical references and index.

1. Black widow spiders--Juvenile literature. 2. Spanish language materials—Juvenile literature. I. Title.

595.4--dc23

2014938902

Contenido

Arañas viuda negra

Las arañas viuda negra
viven por todo el mundo.
Es muy probable encontrarlas
en lugares cálidos.

Las hembras son negras y brillosas. Tienen marcas rojas en el **abdomen**.

Los machos son de color café o gris. Tienen puntos rojos en el cuerpo.

Los machos no tejen telarañas ni comen. Sólo viven uno o dos meses.

Caza

Las hembras tejen telarañas fuertes. Sus telarañas atrapan a las desafortunadas **presas**.

La hembra hila seda alrededor de su **presa**. Después le **inyecta** su **veneno**.

Alimentación

Las arañas viuda negra comen principalmente insectos. Les gustan las moscas, los escarabajos y otros insectos.

Crías de arañas viuda negra

La hembra hila seda alrededor de sus huevos. Esto los protege. El **saco de huevos** cuelga de la telaraña.

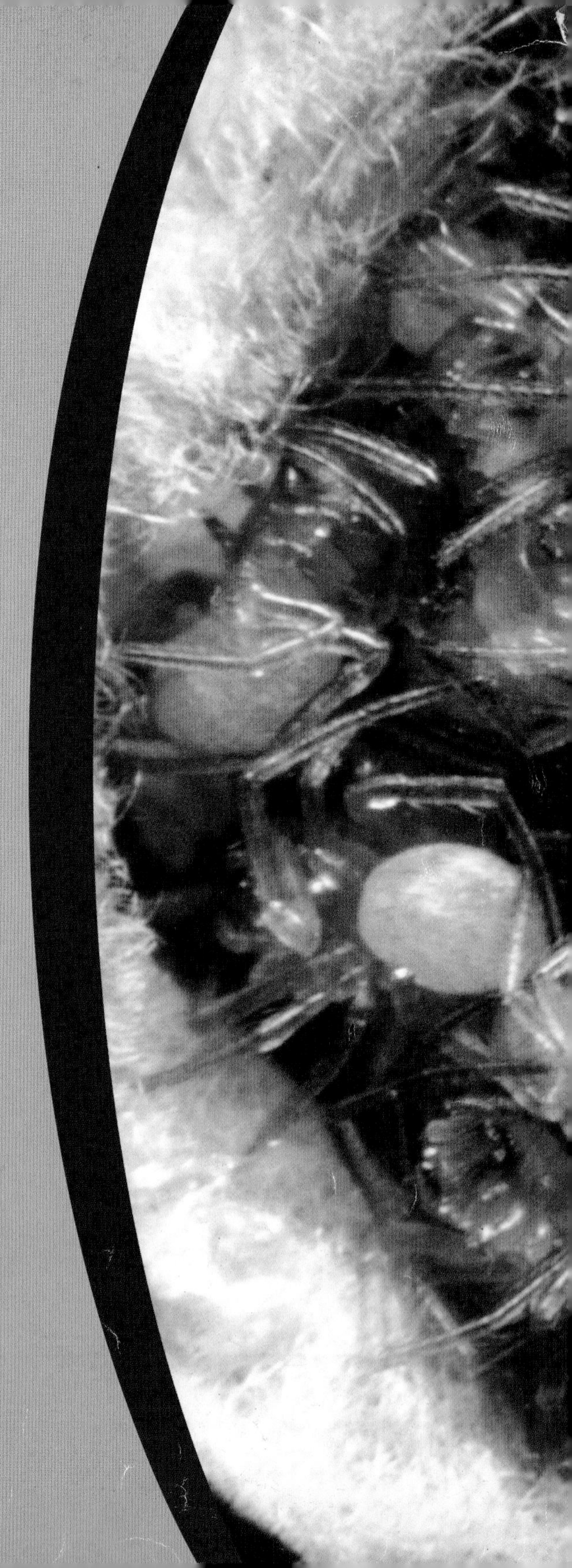

La hembra cuida los huevos. Las crías de araña son independientes cuando salen de los huevos.

Más datos

- Las arañas viuda negra son arañas **venenosas**.
- Se cree que su **veneno** es 15 veces más fuerte que el veneno de la serpiente de cascabel.
- Las hembras cuelgan boca abajo de sus telarañas. Así muestran sus marcas rojas. Estas marcas rojas alertan a su **depredador**.
- Las hembras de arañas viuda negra a veces se comen a los machos. De ahí viene su nombre.

Glosario

abdomen – la parte de atrás del cuerpo de una araña.

depredador – animal que come otros animales para subsistir.

inyectar – introducir un líquido en el cuerpo de una presa al morderla.

presa – animal que ha sido cazado por un depredador para comérselo.

saco de huevos – bolsa protectora de seda donde la araña pone los huevos.

veneno – sustancia tóxica producida por algunos animales.

venenoso – animal que produce veneno para usar contra sus depredadores o presas.

Índice

abdokids.com

¡Usa este código para entrar a abdokids.com y tener acceso a juegos, arte, videos y mucho más!

Código Abdo Kids:
SBK0724